AF215717

Sebastian Maile

Auf einen Sprung an's Fenster

Gedichte

Herstellung und Verlag: BoD – Books on Demand, Norderstedt
Printed in Germany
ISBN: 9783749449958

Bibliografische Information der Deutschen Nationalbibliothek:
Die Deutsche Nationalbibliothek verzeichnet diese Publikation in der Deut-
schen Nationalbibliografie; detaillierte bibliografische Daten sind im Internet
über http://dnb.dnb.de abrufbar.

MÜNCHEN, TRASIMENO, EINE HÜTTE IN DEN BER-
GEN UND BILDBAND-MANHATTAN

So weit blickt man nur selten.
Erwachen unter Sonnenstrahlen in warmen Zimmern,
Sonnenstrahlen
an einem Samstag im April.
Mit Blick über Seen und Meere
und Flüsse und kleine Bäche
voller zahmer Haie.

Erwachen hinter alten Mauern,
die irgendwie zu einem Selbst gehören
und irgendwie auch nicht,
die fremd sind,
hoch und rau und wunderschön.
Man fragt sich, wie man das bezahlen soll,
den ganzen Streichelzoo,
die vielen Futterstellen,
leergefressen, umgefallen, umgeworfen
auf den Parkplatzdächern, darauf Morgensonne,
windstill.
Man fragt sich, wie man sie bezahlen soll,
die Seelsorger, die an den Bars
den reinen Wein einschenken,
während die Pool-Boys Wasser chloren
und die kleine Evelyn an ihrer Kokosnuss erstickt.

Den Blick des Fremden
aus dem Panoramafenster werfen,
abgestandene Erotik raus,
Exotik rein, um jeden Preis.
Die Terrassentür kurz öffnen,

aber vorerst einen Spalt breit.
Den sanften Wind die Zimmer kühlen lassen,
dann doch ein erster Schritt hinaus.
Barfuß auf der Bodenplatte stehend
Wasserschichten abwischen mit der trockenen Hand
von der Plastikliege und vom Plastiktisch.

Das Buch umdrehen,
das man gestern Abend dort vergessen hat,
in der Hoffnung, dass ein bisschen hängen bleibt
vom wilden Leben.
Den Geruch der Bäckerei schön finden.
Salzige See riechen,
frischen Fisch, Gebäck und wässrigen Kaffee.
Kalten Marmor an den Fußsohlen spüren;
die Tarantel oberhalb der Tür in ihrer Ecke
ist noch da.
Atmen. Endlich atmen. Schon so lange nicht geatmet.

Hebungen und Senkungen, grün, braun, gelblich.
Ansammlung verschiedener Häuser,
Großstädte und Metropolen auf ein paar Flecken Erde,
Spitzen von Kirchtürmen dazwischen.
Schräge Vögel,
die nach Süden fliegen,
wenn es Sommer wird.

Angler, die auf kleinen Hockern sitzen,
schon früh am Morgen süßen Schnaps
in ihren Kaffee kippen
und nach der zweiten Tasse friedlich resignieren.
Einander zuprosten,
sich einen guten Fang wünschen: „Sieg Heil!",
und weiter Würmer auf die Haken spießen,

Ruten werfen, Routen planen mit der family
am Nachmittag entlang der Uferpromenade,
daran Palme, Palme, Palme,
Mülleimer, der überquillt,
Bank mit Sicht auf Frachtersilhouette,
wieder Palme.
Das beste Eis der Stadt, der Welt, ganz sicher.
Eine Mutter watscht ihr Kind, beteuert
keine böse Absicht, sondern Biene,
Kind mit Eis und Bienenallergie.
Ein Penner trägt die Kleidung dreier Menschen,
geht von Tisch zu Tisch, erschnorrt sich
Stück für Stück, im Stapel eine ganze Pizza.
Die Kleinfamilie ist der Quell des Bösen,
sagt der lange Hans
und lässt sich nur mit Müh' und Not verbiegen.

Leinenkleider tragen.
Orangen pressen und Zitronen.
Mit der Hand im Gehen
durch Hecken streichen,
Rosmarin.
Zweige pflücken,
zwischen Daumen und Zeigefinger zerreiben,
daran riechen und sich auf's Abendessen freuen.
Es wird Melone geben, Schinken und Oliven,
Knoblauchbrot vom Grill und Zeug,
frisch aus dem Meer.

Am Rand des Pools stehen,
über den Hang hinweg sehen in die Ferne.
Weit entfernte Kirchenglocken,
Hunderudel hinter Rost und Zwingern.
Einmal um den Pool herumgehen

über warme Sandsteinplatten.
Nachmittag ist immer Hölle,
aber Abend steht schon an.

Mit dem Kescher einen toten Skorpion aus dem Wasser
fischen, der kleinen Evelyn das Leben retten,
Kokosnüsse knacken, und noch vieles mehr.

ARTENTOD

Wieder falle ich vom Stuhl,
wieder mit dem Kopf voran und direkt
auf die linke Schiene.

Dort hinten,
wo die Sonne aus dem Tunnel leuchtet,
ist das schon einem anderen passiert
vor ein paar Jahren.
Kopf auf Schotter, warmer Hals auf kühlem Stahl,
und die Bahn kam aus dem Tunnel
und ratterte darüber weg wie ein MG.
Sein Körper blieb dort an der Böschung liegen,
gut gekleidet, edler Wilder.
Fremde Federn ragten bunt aus seinem Hintern,
um ihn herum Pistazienschalen, Hunderte bestimmt.
Hat lange gewartet, war nicht sicher,
war nicht wirklich hungrig, hatte Lust,
dann Dekadenz im Anflug und Verzweiflung.
Eine Flasche Sekt steht da, noch fest verschlossen,
Korken drin, die Sicherung nicht angerührt.
Zu spät, zu schnell, zu viel auf Vorrat,
doch die Absichten waren gut.
Da gab es nichts,
was man bereuen und vermissen hätte können;
und nur darauf kommt es an im Leben.

Der Kopf entfernte sich vom Rumpf,
begab sich nebenan zum Fußballplatz und direkt
in die feuchte Hand der Dorfjugend.
Da gab es große Euphorie, ganz viel Gefühl,
man konnte Sexualhormone sich verbreiten riechen,

Wienerwürstchen in der Sommersonne,
Sonnenmilch auf angebräunter Menschenhaut.
Es war so schön, man hätte sterben wollen,
wäre man nicht tot gewesen.

Die Jugend schleppte ihren Kopf ins Clubhaus,
zog ihn beim Abendessen aus der Tasche
und reichte ihn im Kreis herum.
Jeder durfte einmal anfassen
und ihn an den verklebten Haaren ziehen,
einmal Flasche drehen und küssen,
kannten sie,
das war der Deal.
Wer genau hinsah,
der konnte ihn ziemlich friedlich lächeln sehen,
diesen Kopf,
weil der letzte Abschnitt seines Lebens
so reibungslos verlaufen war.

Schnitt.

Dann packten sie ihn wieder zu den Fußballsocken
in den Seesack
und fuhren los zur nächsten Polizeistation.
Dabei überfuhren sie ein Streifenhörnchen
mit dem Moped,
vielleicht das Letzte seiner Art.

CAMPING

Während der Sommermonate geht man Campen.
Also war ich Campen.

Ich warf mein Zelt in die Luft
und verankerte es mit Metallstiften im Kies.
Darunter waren große Steine,
darum verschwanden sie nicht ganz
und hielten es nur schlecht.

In einem anderen Sommer trug ich Flip-Flops.
Ich hatte die Metallstifte
nicht richtig im Boden versenkt,
weil auch dieser Boden steinig war.
Und als ich spät nachts zum
Sanitärgebäude ging,
riss ich mir an einem dieser Stifte
meinen Fuß auf, dass er nur so blutete.
Zwischen kleinem Zeh und Ringzeh.
Ich schrie!!!

Ich schrie: „Scheiße! Blöde Scheiße!",
klagte an die ganze Welt:
die Herrenmenschen, Frauenmenschen,
Kindermenschen, Stars and Stripes und Sternchen,
wollte plötzlich Vegetarier werden, Sektenführer,
Schauspieler mit Alkoholproblem,
dabei nicht auffallen in der Traumfabrik,
nicht durchfallen vor Gericht bei Prüfung
der Gewissensbisse, Mückenstiche und Stuhlproben.
Aus Angst und Ärger
kündigte sich Durchfall an,

aber nein, doch nicht mit mir! nicht heute,
sowieso nicht hier in der Natur, das Klo Natur,
darunter potentiell die Klapperschlangen,
eng umschlungen, liebend wartend
auf den hellen Schein der Taschenlampe
zur Kontrolle, zur Beleuchtung
anderer Notwendigkeiten,
der Notwendigkeit der Anderen im System.
Und meine Wenigkeit fällt ab von oben
auf das Haupt der Schlangen,
regt sich etwas oder nicht da unten?
Zeigt die Zähne, stimmt die Rassel an
zum dunkelgelben, sauren Regentanz.

Der Asoziale summt ein Liedchen,
wagt ein Tänzchen mit dem Teufel,
drückt ihn an sich, schwitzt und friert.
Wie eklig eigentlich, der Mensch, wie eklig eigentlich,
die Schlangen, der Regen, das Klo in der Natur,
der Mensch in der Natur,
meine Wenigkeit,
meine Heiligkeit für Arme,
meine Beine noch im Stechschritt aus Gewohnheit,
Tempotaschentücher hinter jedem Busch,
gelegentlicher Waldbrand.
Dann nur Opfertiere,
seltener Opfermenschen,
weil der Mensch dann schon im Auto,
auf der Autobahn, dem Heimweg in die Schlafstadt.

Ich setzte mich, hielt mir meinen Fuß ins Gesicht,
wie ich es vor dem Richter wiederholen würde,
leckte meine Wunde stundenlang,
bis irgendwann die Blutung stoppte.

FEIERN

Was machst du an Silvester dieses Jahr?
Nichts. Mein kranker Magen...
Gin verschenken. Keinen Guten, nur vernünftig.
Vielleicht eine Biogurke aus dem Süden Spaniens,
eingepackt in Zellophan dazu.
Daran ist nichts faul, du Flasche.
Die Flasche schon am Vortag öffnen,
eine halbe Stunde
durch die Nase atmen.
Mir ein anderes Leben vorstellen.
90 Millionen Eurojackpot.
Bungalow mit City-Blick,
dahinter ein paar feuerrote Berge.
Salzwasserbecken ohne Ende,
meines auch
so ganz weit weg.
Daran verzweifeln. Mich darin langweilen.
Damit aufhören.
Die Schwimmflügel bis auf den Knochen stutzen.
Früh zu Bett gehen.
Mir ein bisschen Kunst in Filmform antun.
Von einem dieser noblen Drinks mit Kirsche träumend,
FaKo trinkend in den nächsten Abgrund.
In ein paar Wochen,
vielleicht dann.
Wenn der Magen wieder mag.

Zunächst ganz friedlich schlafen in der Böllernacht,
als wäre der Tag ein guter Tag gewesen
und der nächste Tag ein besserer Tag.

STADTRUNDFAHRT

Die Studenten sehen jetzt viel jünger aus als ich,
ein bisschen peinlich ist das schon.
Wie alt bist du? So alt! Aha.
Vielleicht studieren die lieben Leute Medizin
und werden in den nächsten Jahren schlechte Ärzte
oder gute, in der Großstadt, nicht am Dorf,
bejubelt und dann ausgebuht,
besudelt, aber weiter ausgebucht,
da Mangel überall.
An allen Ecken fallen die Leute um
und werden zugedeckt und wieder aufgeweckt,
Bing Bing, die nächste Runde eingeläutet
zum endgültigen K.O.

Bei den Werten ist es immer wichtig,
dass sie wirklich vollumfänglich sind,
aber
was kann man schon erwarten?
In einer Gesellschaft,
in der man bunte Hunde quält
mit Steuergeld und feuchten Küssen
auf den blanken Hintern.

Ein Mann steht am Fahrplan, dreht sich um
und rennt einen kleinen Mann über den Haufen.
Der kleine Mann entschuldigt sich beim großen Mann,
wie man das so macht als kleiner Mann.
(Der kleine Mann trug einen Trompeterbart,
der große Mann trug ausgelatschte Turnschuhe
von Adidas).

Es gibt jetzt einen Lesbenfriedhof in Berlin.

Und den frühen Vogel knallt der alte Jäger ab,
wenn er es wagt, im Morgengrauen zu singen.

SOMMERZEIT, TRAURIGKEIT

Hi,
ich fühle mich heute so leer.
Wie leer?

Wie ein Betonmischer,
der alles gegeben hat und jetzt nach Hause fährt,
durch den Regen.
So leer?

Nein.
Vielleicht halte ich noch kurz bei McDonald's
und sehe nach, was es so gibt.
Kaufst du dir dort etwas Feines?

Das wird sich zeigen, vielleicht ja.
Eigentlich bin ich noch auf Diät.
Noch bis zum nächsten Montag,
dann nicht mehr.
Dann nicht mehr?

Dann höre ich auf damit.
Womit? Mit der Diät?

Mit Haustiere überfahren
und mit mich schrecklich dafür schämen.
Kaninchen und Hunde und Katzen und Mauergeckos.
Echt? Magst du Geckos? Ich mag Geckos.

Gecko mag ich gerne.
Ich hatte mal einen, der hieß Umberto.
Darum fühle ich mich ziemlich schuldig,

wenn es nicht mehr da ist, wenn es hin ist.
Aber es wechselt doch immer nur die Farbe?
Natürlich, schon, das sehe ich ein.

Der große Ruhm kommt schließlich nicht für alle
mit einem Sternchen auf der Gehwegplatte.
Ich habe nichts dagegen, wenn die Dinge kommen,
wie sie kommen müssen.
Das macht es leichter.
Was? Was macht es leichter?

Am Abend noch ein paar Popcorn zu essen
und dabei nicht an Knöchelchen zu denken.
Oder auf Kerne zu beißen,
Blausäure auf der belegten Zunge,
und sich dabei ein Stück Zahn herauszubrechen,
das nicht nachklappt wie beim weißen Hai
und Thomas Gottschalk.
Und was machst du morgen so?

Betonmischen und mich entleeren.
Bei McDonald's halten,
ein paar Haustiere überfahren
auf dem Weg dorthin.
Zumindest noch bis Montag.
Und morgen? Und Sonntag?

Morgen mache ich nichts
und Sonntag schlafe ich ein bisschen länger.
Vielleicht plane ich die Ermordung
des päckchenwerfenden Kuriers.
Vielleicht wird der Plan ziemlich konkret.
Vielleicht ertrinke ich auch in der Badewanne.
Wer weiß schon, was der Sommer bringt.

DIE SICHERUNGEN BRENNEN DURCH

Im Hotel,
Doppelbett,
große Fensterfront nach Süden,
alle Fenster stehen offen,
draußen Sonne, Wolken, Schatten zwischendurch.
Eine Frau in meinem Bett,
ich erkenne ihr Gesicht nicht,
ich erinnere mich nicht,
ich finde es seltsam, dass sie hier ist.
Sie schläft,
sie wendet mir den Rücken zu und schläft.
Ein kleiner Schriftzug unterhalb des Schulterblatts,
irgendwas mit gutem Leben.
Finde ich ganz süß.

Anja ist im Bad.
Warum ist Anja im Bad?
Ich lausche,
alles still,
noch Sonne im Fenster,
Wolken, Schatten.
Wenn ich mich bewege, staubt es.
Ich höre die Spülung,
das Zuziehen des Duschvorhangs,
fließendes Wasser.
Anja ist im Bad,
und ich liege hier mit einer fremden Frau, die schläft.
Draußen Sonne, Wolken, Schatten zwischendurch.
Wenn ich mich bewege, staubt es.

Ist Anja im Bad?

Ich erhebe mich, begebe mich zum Fernseher,
darunter ein Videorekorder.
Ich drücke auf Play. Nichts.
Ich spule zurück und sehe
zwei Frauen, die sich gegenseitig anziehen.
Ich drücke auf Play.
Zu viel gespult, das dauert ewig.
Im Schnelldurchlauf zum bitteren Ende,
wieder Play,
ein Hüne spritzt in eines der Gesichter,
aber beide Frauen zucken, schließen ihre Augen fest.
Wer bin ich, warum bin ich hier?
Gibt es nicht gleich Frühstück?
Anja ist im Bad?

Ich ziehe mir eine Hose an,
ein Hemd,
und gehe nach unten.
Es riecht nach frisch gebrühtem Kaffee
und altem Teppichboden,
nach Holzverkleidung,
nass gewischten Tischen.
Niemand im Speisesaal,
die Tische leer,
frische Teller auf Edelstahlwagen,
Mittagsgeschirr, Obstkörbe, unangetastet,
Servietten, schön drapiert.
Wie lange habe ich geschlafen?
Warum hat Anja mich nicht geweckt?

„Morgens Kokain, abends Heroin,
so wird man hundert Jahre alt",
sagt der faltige Rezeptionist.
Und alles begann mit der Exekution
des deutschen Dackels,
der ganze Verfall, der Deutsche Herbst.

FEIERT MICH AM 5. JULI

Verleugnet mich,
verklagt mich,
schießt mich in den Himmel, hoch über Manhattan.
In den Himmel
über Manhattan,
wo er immer höher scheint als anderswo.

Baut mir einen Galgen,
bringt mich daran an, dann
seht mich an und lasst mich fallen,
lasst mich fallen.
Scheiße in der Hose und Urin,
das Reflektieren der Lichter
auf der weißen Oberfläche
meiner toten Augen.

Am Abend gibt es Feuerwerk und Bowle,
obenauf schwimmt frisches Obst.
Das Barbecue ist angerichtet. Alle klatschen.
Kinder blicken in den Himmel,
Panzer rollen heute hübsch für die Parade,
Eltern kehren die Überreste von der Straße.
Allgemeines Staunen. Leises Husten.
Lauter Frühling. Wunderbar.

WIE ALLES ANFING

Brennende Trümmer fallen herab in deinen Hof,
fallen herab auf das Dach, unter dem du schläfst,
fallen herab auf das Dach, unter dem du schläfst
und durchbrechen die Pfannen, die es bedecken.

Brennende Trümmer fallen herab auf dein Dach,
durchbrechen die Pfannen,
reißen dich aus dem Schlaf, laut und heftig,
wie Polizisten alte Penner
an den Bahnsteigen der Großstadt.

Reib dir die Augen wund mit Samt,
ans Bettgestell gefesselt.
Kann nichts dafür, kann dir nicht schaden,
kann dir nicht helfen,
wird dich nicht füttern,
wird dich nicht killen,
wenn du vor Schmerz die glühende Stirn
an die Bordsteinkante schlägst,
immer und immer wieder.

Walzen.
Dicke, schwarze Walzen kommen immer näher,
zerquetschen dich ganz langsam.
Am Ausgang gibt es dürres Gras
und wilde Blumen, die nicht duften
und einen Himmel, der sich seltsam blau verfärbt,
wenn man nur oft genug den Kopf hebt.

Ein Himmel, gleißend hell
vor lauter Sonne,

in dem die Toten niemals Ruhe finden werden,
ist die Hölle.
Höllenharmonien, die alten Glocken hängen tief
und summen monoton und kriegen Risse.

Kalifornien, wo es immer schön ist,
Palermo, wo es selten schneit.
Welcher Anzug passt zum Anlass,
welcher Anzug passt zur fetten Wampe?
Keiner passt! Zu klein der Scheiß!
Zu klein, zu beige, zu faltig!
Hochzeit und Beerdigung gehören abgeschafft!
Der Politikbetrieb, das Schaulaufen der Unanständigen,
das Vorsaufen vor Anstich.
Man bringe mir ein braungebranntes Hähnchen,
Kartoffelsalat und Seifenblasen,
ich bin fertig.

Schlag deiner Frau ein blaues Auge und nenne sie
Madonna.
Sag ihr, dass sie schön ist, wunderschön.

Schnapp dir deine Flinte und gehe auf die Jagd.
Schnapp dir deine Angelrute und gehe Fischen.

Vertrau dem Gottessohn und werde Menschenjäger.

Mach dich auf deinen Weg
nach Hause
und halte am Burgerladen inne,
für einen Augenblick der Ruhe und eine Camel light.

AUF EINEN SPRUNG ANS FENSTER

Warm ist es hier, warm,
schon Ende Februar.
Die Heizkörper laufen noch,
denn bis vor einer Woche war es Winter.
Erst Schneeberge an den Straßenecken,
auf den Dächern alles weiß,
dann langsam Wasser,
dann elf Grad am Nachmittag im Schatten,
spricht das Thermometer an der Außenwand.
Ich denke
es funktioniert noch. Alles funktioniert noch,
nichts hat sich verändert, nichts ist anders als gewohnt.
Wirklich,
es ist warm geworden,
hier
unter dem Dach.
Da schafft auch das Öffnen des Fensters nur Abhilfe
für Momente,
wenn kalter Wind ins Zimmer weht,
die karge Landschaft sich eröffnet,
Bäume, die nackt dastehen
noch mindestens bis zum April.
Ein einsamer Umzugswagen,
geparkt an der Kreuzung.
Vögel, die in den Bäumen sitzen und nicht singen,
erst im Morgengrauen wieder singen werden,
bis dahin nur leises Pfeifen.
Sie und der Wind aus Nordwest.

ABSCHUSSQUOTE

Schmelzt mich.
Schlagt mir den Schädel ein
mit einem Haken.
Jagt mir einen Speer in den Rücken und
nehmt mich ins Schlepptau. Mich und die Haie.
Killt die Haie an den Badestränden.
Rüstet technisch auf.
Vergiftet mich mit eurem Ehrgeiz.
Ölt mich ein. Salbt mich zu Tode.
Umwickelt mich mit PET.
Füllt mich mit Liebe und bitteren Kräutern.
Raubt mir meinen Lebensraum.
Verbrennt mich, vergast mich.
Legt mich an die Kette.
Rasiert mich brasilianisch, schminkt mich
als alten Clown und tote Nutte.
Beerdigt mich neun Millimeter tief.
Ich tanze für euch
und lasse mich unter Schmerzen ficken.
Steckt mich in den Zoo.
Begafft mich. Amüsiert euch.
Füttert mich mit Artgenossen.
Ab in den Käfig.
Raus aus dem Käfig,
ab auf die Landstraße.
Ich passe ins Profil.
Überfahrt mich.
Mögt mich.
Streichelt mich bis Sonntag.
Ich schwimme in Chlor,
singe im Chor.

Die Stimmbänder angespannt zum Kehlenschnitt.
Lasst mich ausbluten.
Tanzt im Kreis um mich herum und lasst es regnen.
Baut mich ab.
Verbraucht mich.
Missbraucht mich.
Ihr braucht mich.
Ihr wollt mich,
bis nichts mehr von mir übrig ist.

VERGEHE DOCH, DU BIST SO SCHÖN

Kühler Atem,
klarer Verstand,
Blick in die Ferne, dann zurück
in die Maschine,
die mich am Leben hält,
das wurde mir versprochen.

Vergehe doch, du bist so schön.
Und
alles Schöne geht zu Ende, alles,
alles Schöne. Alles
Schöne
stirbt und wird dann neu geboren,
oder nicht?

ATLANTIS

Schreibe etwas für die Armen,
für die Kranken,
Balsam für die Seele.
Spring ins Wasser,
tauch unter,
mach den Fisch, setz dich unter Strom,
öffne dein Maul,
verschluck einen Flüchtling,
der zwischen deinen Zähnen knirscht wie
sandiger Salat.
700 Andere
sinken auf den Grund des Meeres.
Schwimme immer weiter geradeaus,
denn was da kommt ist blanker Humanismus,
was da kommt, das hat Humor.

EIN ABEND IM CLUB SANDWICH

Ich bin ein echter, deutscher König.
Ich hacke mir die langen Arme ab,
renne in den Garten meines Hofes,
schnuppere dort an ein paar hübschen Blumen,
denn so viel Zeit muss sein.
Dann renne ich weiter bis zum Tor,
trete mit den Füßen wild gegen die Stäbe
und beschimpfe mein Volk als blöde Schlampe.
Die Volksbitch plärrt darauf im Volksmund:
„Dich ficke ich mir zurecht, Herr König!"

Ich schreie sie an, gewählt schreie ich,
mit königlicher Wortwahl:
„Es wäre besser, wenn es schlechter wäre!
Und schlechter, wenn es besser wird!
Weil besser immer anders
und anders immer schlechter ist!
Seht mich an!
Hackt euch gegenseitig die Hände ab
mit dem stumpfen Messer der Justitia
und werft sie anschließend über den Zaun,
begrabt mich regelrecht darunter.
Ich weiß nichts damit anzufangen,
stoße ab, sortiere aus.
Und ihr wisst nicht,
was für euch gut ist!"

(Helene Fischer stirbt am hohen C).

WAS MAN ÜBER PANDAS SAGEN KANN

Nicht viel
kann man über Pandas sagen.
Sie fressen und sie schlafen und sie vermehren sich
fressend.
Man steckt sie in Parks,
jagt sie,
imitiert sie,
Onesie tragend,
Pizza fressend,
eine Tierdoku im Fernsehen.
Zu Tränen gerührt, aber pleite,
die Geier am Fenster,
die Geier im Garten,
dann wieder ins Auto und weg.
Stressabbau, am Baum hängend,
blau werdend
in einer Bar,
bei einer Schale Nüsschen
und Influenza
über das Leben sinnieren,
Bier und Cetirizin sedieren,
ein Spaß.
Man wird überfahren von völlig Fremden,
grüne Trucks, gefüllt
mit Jägern und Rosinen,
teurem Wein und lang gereiftem Käse.
Abendland, Morgenland,
Umstände, die missverständlich sind.
Der Wagen kommt vom Weg ab,
überschlägt sich,
einer stirbt gerade weg,

die anderen streicheln ihn zu Tode.
Und so geht das ewig weiter,
langweilig,
die Wiederholung zweimal nachts,
danach nur Züge.
Softporno war gestern.

MEIN MONSTER

Mein Monster sah mich traurig an,
es sah mich traurig an am Abend.
„Wasser! Wasser! Wasser!", schrie es,
„gib mir Wasser!"
Und ich gab ihm Wasser
und ich gab ihm Wein,
stopfte seine Eingeweide,
die es auf dem Parkett verteilt hatte,
klebrig und schwarz in seinem Kampf,
zurück in die Erde.
Zwischen zwei Waschkörben spielt die Musik,
da entwickeln sich die Bilder,
da brennt die Sonne Löcher in den Boden.
Staub in der Luft,
Staub auf allen Flächen,
alles hinter Glas, Metall und Polyethylen,
dazu ein Drink,
darauf ein Drink.
Ich glaube,
ich habe es ertränkt.

DIE TELEFONISTIN

Ich schaue aus dem Fenster,
da rennt sie vorbei mit ihren Kühen,
Headset am Ohr,
pinkrote Plastikbeutel
lässig aus der Tasche baumeln lassend
stehen bleibend,
ungeduldig wartend auf das Innerste der Kuh
am schmalen Grünstreifen bei der toten Linde,
die Abendsonne im Gesicht,
schön braun.
Da macht sie einen Buckel,
pfeift der zweiten Kuh
in ihr Gewissen,
wenn dann hier und wenn dann jetzt,
nicht später,
weil es Gewitter geben soll.

Und ein Donnern und ein Grollen
entfährt den Ärschen dreier Kühe,
die gleich darauf so tun,
als wäre nichts geschehen,
als wäre die Sache überhaupt nicht weltbewegend.
Meine Kapitulation vor dem Geschehen
erscheint mir essentiell als Exkrement
des guten Willens. Ist da noch Hoffnung?

Die Olle lässt die Plastikbeutel stecken.
Ich wünsche ihr von Herzen alles Schlechte,
würde sie so gerne
mit meinem exzellenten Exkrement bewerfen,
aber überflüssig, steht mir nicht.

Dann ist sie auch schon um die Ecke.

SOULFOOD

Wo seid ihr?
Schon alle in den Bunkern?
Bald unter der Erde,
unter Stahlbeton und
heller Eiche.
Rosenstöcke für die Opfer,
Lorbeerkränze für die Sieger,
Propaganda für die Massen.
ABC auf Schulen
und Kindergärten und Krankenhäuser
und Stadien und Wohnblöcke
und Bürgersteige und Parks,
auf Villen, Mittelstand, Sozialbau,
jeden Einzelnen und Alle.

Wo seid ihr?
Lebt ihr nur
oder lebt ihr schon?
Wie steht es um die Golfplatzpolitik?
Mit rechtem Schwung über Japan und Guam
nach San Francisco.
Mit der Straßenbahn ans Meer,
wo es Haie gibt und Springer
unterhalb des Golden Gate.

Nach ein paar Wochen bebt es in der Erde,
dann ist es plötzlich wieder ruhig
und endlich Herbst.

BESTANDSAUFNAHME

In München gibt es einen neuen Jazzclub,
darüber einen Chinesen,
darunter Grundwasser.
Ich war noch nicht dort.

An den Bäumen wird es Herbst und
in den Bars der schönen Stadt erblühen die Trinker
an den Tresen auf den frisch bezogenen Hockern.

Die Bar
in der der Boden Wand ist und die Wand der Boden,
existiert noch immer, das ist ganz toll.
Denn gegenüber
wurde auf Teufel komm raus gentrifiziert,
aber optisch ganz passabel. Alles sieht jetzt edler aus.
Man kotzt dieser Tage in Wohlfühlatmosphäre
auf wirklich akkurat verlegte Platten aus Granit.
Der Münchner Blumenkübel ist zu hübsch,
zu zart für einen Terroranschlag, sagt man.

Alkohol macht fett und Chia glücklich.
Akzeptanz, Verehrung und Unterwerfung
sind die Grundpfeiler dieser Gesellschaft.
Dicke Menschen lachen lauter, wenn sie lachen.
Eine Klitoris ist kein kleiner Penis.

Letztlich hat sich nichts verändert.
Alles geht nur laufend lahmer.

AUS DEM FENSTER STARREN

Auf die Straße, die Leute.
Den Leuten beim Sitzen zusehen
auf kleinen, bunten Stühlen, hübschen Bänken
vor Straßencafés und Restaurants,
bei Italienern,
bei Pizza, Pasta, Wein.

Aufgerissenes Pflaster,
Menschen, die arbeiten: Beton rühren,
Kies streuen, Teer stampfen, Weiher anlegen,
für die Optik und die Mücken.

Hängegärten an Balkonen,
Stadtdschungel, kultiviertes Chaos.

Menschen
haben Ziele, streben danach,
sprechen miteinander,
sprechen mit sich selbst,
manchmal
in der U-Bahn.

Freie Plätze, Freiraum
rings um sie herum.

Sie starren aus den Fenstern,
ich starre aus dem Fenster.

Die Griffe abgeschraubt,
die Fenster lassen sich nicht öffnen.

FREUNDE IM ESTABLISHMENT

Im November kamen sie dort an.
Wir sahen uns dann einmal im Dezember,
seither nicht mehr, seither nur noch Telefon.
In den vergangenen drei Monaten
haben sie sich eingelebt,
während ich
nur irgendwie gelebt habe.
Und das nicht besonders ausgeprägt.

Am Mittwoch trafen wir uns wieder
auf ein Bier in einer Bar auf einem Dach.
Wir unterhielten uns so über dies und das,
darüber, wie es ist, sich einzuleben
und ob es gut ist oder schlecht.
Ich hoffte schlecht, die anderen waren sich nicht sicher.
Letztlich blieb die Frage also offen.
Alles schwierig.
Alles schwieg.

Wir verabschiedeten uns schließlich nach drei Stunden,
denn Bettgehzeit ist jetzt um Elf.
Wir wünschten uns das Beste für die nächste Zeit
und trennten uns am Ende einvernehmlich,
vermutlich für die kommenden drei Monate.

Ich war noch wach bis fünf Uhr morgens,
habe aber nichts gemacht,
nur diesen kurzen Text geschrieben
und ein paar Scheiben Toast dazu gegessen.

ALT UND NEU

Neulich ging ich spazieren
und stellte dabei fest:
Die haben tatsächlich schon wieder
eine Apotheke eröffnet,
direkt am Wanderweg,
im alten Schloss, im Erdgeschoss,
auf 60 qm Ladenfläche.

Dort gibt es mit braunem Holz verzierte Wände
und an den hohen Zimmerdecken gibt es Stuck.

Die haben eine Apotheke eröffnet,
schon wieder eine Apotheke eröffnet,
direkt am Wanderweg,
im alten Schloss, im Erdgeschoss.
Seit Jahren brach liegender Acker auf der rechten Seite,
ein Ententümpel links und ein, zwei Bänke für Senioren.

Vor Jahren habe ich auf dem Acker
eine Brotzeitbüchse ausgegraben,
von der ich glaubte, sie stamme aus dem
Zweiten Weltkrieg.
Da war ich noch ein kleiner Junge
und voller Hoffnung
auf meinen eigenen Weltkrieg,
in dem es wieder Brotzeitbüchsen geben würde,
die verrosten und gefunden werden könnten.

An einem Wochentag betrete ich die Apotheke,
die Stimmung vor dem Tresen ist ganz sonderbar.
Außer mir ist niemand dort.

Der Apotheker
verkauft mir etwas gegen Schmerzen
und etwas gegen Angst
und etwas für die Erektion.
Dazu bekomme ich Taschentücher.
Ich bedanke mich ganz herzlich.

Der Apotheker nimmt mich aus,
wünscht mir einen guten Tag und sagt:
„good luck, der Herr."

Ich setze mich an den Ententümpel,
sehe mir die Enten an beim Schwimmen,
einer Ente fehlt das rechte Bein.
Ich mache „Quak. Quak, Quak, Quak, Quak, Quak",
lächle sie an, sie zwinkert mir zu, dreht sich dann um.
Ich hole Brot aus meiner Brotzeitbüchse,
kaue kurz darauf herum
und spucke Stückchen in das Wasser.

SIE VERSCHWINDEN LEISE, WENN ES LAUT IST

Im Internet lese ich über Erfolge
und darüber, was das mit den Menschen macht.
Über die großen und die kleinen Siege völlig Fremder,
und ich frage mich, was das mit mir macht.
Ist das schon die Niederlage?
Ist das Eingeistung
und außerkörperliche Erfahrung?

Manchmal blicke ich gen Himmel
und vermisse die Vögel,
die schon vor Wochen Richtung Süden flogen.
Zu Beginn des Jahres habe ich mich noch auf sie gefreut.
Aber manchmal freue ich mich so lange auf etwas,
dass mir nicht auffällt, wenn es anfängt
und nicht auffällt, wenn es aufhört.

Die Sonne verschwindet vom Himmel.
Der glänzt dann eine ganze Weile rotblau,
bevor es richtig dunkel wird.

Im Hochhaus gehen die Lichter an.
Wenn ich mein linkes Auge schließe,
kann ich mir mit dem rechten vorstellen,
ich läge in Brooklyn
auf einem warmen Dach
im Liegestuhl
im Wintermantel.

Ich wünschte, die Vögel wären noch hier.
Ich wünschte, sie säßen erfroren auf den Ästen
den ganzen Winter lang.

Morgens würde ich die Fenster öffnen
und würde pfeifen
und würde so tun, als wäre ich sie.

Ich bin der Igel in der Garage,
unter Rollerblades und Dosen voller Aceton.
Ich bin die Katze, die den Stamm hochklettert,
nur um sich die Zähne auszubeißen
an gefrorenem Federvieh.
Ich springe vom Baum und fresse eine kranke Amsel,
weil jeder tun soll, was er kann.

STADTMENSCH

Der Stadtmensch, der Urbanist,
das moderne, zukunftsweisende Bild des Menschen.
Ein Leben zwischen den Fronten,
Nüchternheit und unstillbare Gier,
Tanz und Wahn
und Sehnsucht
nach Nonkonformität und seichter Tradition,
nach Individualität und Gruppenzugehörigkeit
mit expiration date
und einer Ahnung.

Nach innerem Aufruhr und gelebter Friedfertigkeit,
Gemeinschaft, offensichtlicher Gemeinsamkeit.
Wir haben Alles und doch Nichts.

Da sind diese Oasen, sagt man.
Man könne dort den Alltag vergessen
für einen Moment.
Da brodelt es, fühlt ihr die Spannung?
Da liegt doch etwas in der Luft!
Ein Duft nach Müll und süßen Äpfeln.

Wir könnten dabei sein.
Wir könnten doch so frei sein,
oder nicht?

RIESENRAD

Bunte Blätter an den Bäumen,
manche werden umgesägt
zum Sommerschluss.

Regenflecken auf dem Teer
und kalte Vormittage.
Die Bauarbeiter ziehen in den Süden.

Rauch über den Dächern.
Rauch über der Stadt.
Nur unterhalb der Decke ist es warm.
Wenn ich aufwache, begrüßt mich mein Gemächt
und schielt zur hohen Zimmerdecke,
wo die letzten Fledermäuse fliegen.

Nachts grelle Lichter.
Nachts gelegentlicher Nebel.
Der Fluss gehört erneut den Fischen und den Bibern.
Da hat sich manches aufgestaut.

In der Stadt riecht es nach Zuckerwatte
und gebrannten Mandeln.
Das Riesenrad geht derweil in die Probefahrt.

DIE CHRISTLICHE LEERE

Gestern ging ich zur Kirche,
da saßen viele Leute in den Bänken,
Alte und Junge und ganz kleine Menschen
auf den Schößen ihrer Mütter.
Und alle, die glaubten, etwas zu wissen,
beteten für weniger und mehr.

Heute ging ich zur Kirche,
da saßen nur wenige Leute in den Bänken,
weniger Alte und noch weniger Junge und
nur zwei, drei ganz kleine Menschen
auf den Schößen ihrer Priester.

In der hintersten Bank hustete eine alte Frau
schon seit einer Weile,
und die Leute drehten sich immer wieder um
zu dieser alten Frau und machten „Pssssst",
bis sie, endlich gestorben,
seitlich aus der Bank kippte auf den Mittelgang
und dort liegen blieb unter dem Kreuz.
Und alle, die glaubten, etwas zu wissen,
beteten für sie.
Doch die meisten standen nur herum und starrten
oder weinten
oder schrien
oder gingen nach Hause,
weil es keine Auferstehung geben würde.

Am Abend hieß es bei der Tagesschau,
es kämen unwetterartige Orkane in der Nacht,
man solle drinnen bleiben und die Fenster schließen.

Doch ein paar Jugendliche
suhlten sich in Endzeitstimmung,
blieben trotz der Warnung auf der Straße,
stellten sich auf Skateboards, ließen Drachen steigen.
Plötzlich gab es Bremsgeräusche,
gefolgt von einem lauten Knall.

Da starb ein Mädchen
zwischen Tonnenhaus und Motorhaube,
blasse Haut und blaues Haar und große Nase,
ziemlich leise.
Die anderen Jugendlichen standen drum herum
im Regen,
tätschelten den Kopf und hielten ihre Hände
in der eigenen Hand.

Nur Tage später waren sie alle wieder in der Kirche
und beteten für sich und sie und weniger und mehr.

BRETT VORM KOPF UND NAGEL DURCH

Ein Vogerl schiss mir in's Auge,
und ich war blind vor Wut.
Ich stieg in die U-Bahn, schwitzte,
alle schwitzten.
Ich hatte nicht daran gedacht,
den Schattenweg zu gehen
und hatte jetzt einen Sonnenstich (vermeintlich).

Ich fühlte mich sogleich verfolgt,
versuchte daher, meinem Hintern Augen aufzumalen,
wählte für die Wetterfestigkeit den Cutter.
Ich schmierte Tinte in die Wunden
und besiegelte den Bund auf ewig.

So betrachte ich seither Vergangenheit und Zukunft
mit wachem Blick, mit offenem Blick.
Die Gegenwart ist angerauscht.
Und dabei fühle ich mich wahnsinnig authentisch.

KALENDERWOCHE 41

Warten, warten,
darauf, dass die Steine sprechen,
nass vom Regen in der Nacht.
Wie sie dort auf dem Boden vor mir liegen,
kalte Tage, Sonnentage
im Oktober,
in der besten aller Jahreszeiten.

Aus den kleinen Seen und Weihern quillt der Nebel,
der den Blick eintrübt und Mauern baut,
die Sicht versperrt
auf diese wunderbare Welt.

Dahinter höre ich
den dumpfen Sound der Menschheit.
Nichts scheint echt, nichts gut, nichts schlecht.
Ich sehe Schatten, die sich schnell bewegen,
sehe Gewehre, die nicht abgefeuert werden, aber
Menschen, die zu Boden gehen.
Und ich denke mir nur: verrückt.

BEWEGUNGSPROFIL

Humpeln, meistens derzeit,
da der Rücken schmerzt.
Linksseitig.
Bei mir ist alles ziemlich links,
die ganze Einstellung.
Selbst der linke Hoden hängt ein bisschen tiefer,
wirkt kaum mehr rot, schon eher lila.
Und alles schreit:
„Farbe bekennen!
Gerade jetzt!
In diesen Zeiten!
Da der Söder auf den Mond geschossen werden will
und das bunte Deutschland nach dem Hitzesommer
braune Flecken kriegt.“

Wie ein Besoffener wanke auch manchmal ich
nach rechts;
das ist nicht schlimm, das ist nur Ausgleich.
Doch am Ende überwiegt der Linksdrall
und ich falle um und bleibe liegen.
Oder mache ich mir da etwas vor?

Ich bin nicht radikal.
Noch weniger bin ich engagiert,
schon gar nicht in Gruppen. Nicht,
weil ich keiner Gruppe angehören möchte,
sondern weil mich keine Gruppe bedingungslos
zu ihrem Anführer ernennt.
Dabei bin ich der Diktatortyp.
Diktatoren sollten über die großen und die kleinen
Dinge herrschen, kontrollieren, teilen,

sich beherrschen.
Es sollte mir freistehen, alles zu bestimmen,
Dinge neu zu definieren
und in den allgemeinen Sprachgebrauch zu integrieren,
denn ich bin ein Prinz,
nur ohne Schloss und ohne Geld und ohne Prinzessin.
Mein Hofstaat bildet sich aus Hofnarren.
Wir teilen unser Königtum als Doppelspitze,
so ziemlich jeder darf mal ran.

Ich wünschte, ich wäre zornig,
nachdrücklich, überheblich. QUATSCH!
Ich bin überheblich,
weil man mir sagt, dass ich es lassen soll.
Warum sollte ich es aber lassen?
Was hätte ich davon?
Ich bin auch selbstsüchtig.
Selbstsucht gepaart mit Überheblichkeit
stehen mir besonders gut.
Ich trage kein GOLD und kein ROT,
mein Herz pumpt schwarzes Blut in blasse Haut.
Mein Beitrag zur Rassismusdebatte ist keiner,
außerhalb der Gruppen, die ständig kritisieren,
was letztlich keinen interessiert.
Kritik ist etwas Langweiliges,
weil man sie nur üben kann
und äußern und anmerken.
All ihre Ausdrucksformen vereinen in sich die Pflicht
zur Anstrengung, die Gefahr des Übergangenwerdens,
und das läuft mir völlig zuwider,
denn ich bin in meiner Trägheit sehr erfolgreich.

Ich bewege mich langsam,
fast schon kriechend, weil der Rücken schmerzt.

Linksseitig.
Bei mir ist alles ziemlich links,
die ganze Einstellung.
Wenn das Bein einschläft und kribbelt und
dann nachgezogen werden muss,
meiner rechten Arschbacke hinterher,
die sich so normal anfühlt,
wie sich eine Arschbacke anfühlen sollte,
die zu einem gesunden Geist gehört.
Alles entzweit sich,
meine Interessen sind verschieden.
Das ist nicht schön,
und ich hoffe,
es kommt zu einer Einigung.

Bis dahin bewege ich mich weiter
als Papiertiger auf der Seidenstraße.

WAS BEKLAGT WERDEN MUSS

Warum schweige ich, verschweige zu lange,
was offensichtlich ist, was mich bereits seit Jahren quält?
Warum erdulde ich,
was mich sachte ins Badezimmer kriechen lässt
auf allen Vieren,
ausgemergelt, hysterisch, nackt,
bis die Tabletten endlich Wirkung zeigen?

Es sind die Tage, die mit den Statusmeldungen
der flüchtigen Bekannten starten.
Bilder, die glückliche Menschen zeigen,
gealterte Mädchen und Jungen,
Schnapsgläser hebend, Bier aus Flaschen trinkend,
schwitzend, lächelnd, wissend,
kurz vor Abschuss.

Es sind die Momente,
in denen ich mich zu erinnern versuche, an das,
was war.
Doch ist da nichts oder nur wenig,
und das Wenige ist nichtig, ist egal.
Also denke ich: „Vermutlich war es wieder schön."
Starre auf den Abdruck meines Mädchens,
auf die Konturen der Fremden auf dem weißen Laken,
denke: „Ganz sicher war es schön mit dir."
Sie ist längst weg, vermutlich schläft sie tief und fest
bei sich zu Hause. Und ich sage mir: „Wie auch immer",
drücke losen Kaffee in den Filter,
gieße heißes Wasser auf,
setze mich an den Computer,
erfülle meinen Bildungsauftrag.

Der alte Mann, die Pfeife auf den Titelseiten,
weckt süßliche Erinnerungen an Vergänglichkeit,
an die letzten Zigarettchen
morgens um halb sechs auf der Terrasse,
an kalte Ravioli aus der Dose, Schokoeis
und braun verschmierte Münder. Bunte Streusel.
Würgereiz bei Lachanfall und Anne Will im Fernsehen
beim Ostertalk mit wahnsinnigen Christen und
anderen besonderen Menschen.
Ein tiefer Blick in den bereitgestellten Plastikeimer,
leises Seufzen.
Viel Luft, Luft, Luft. Heiße Luft
und ein kleines bisschen Speichel.
Rhythmisches Pochen unterhalb der Schädeldecke
beim Versuch der Unterdrückung aller Dinge,
die die Welt nicht braucht.

Im Spiegel zeigen sie den dicken Zionisten
und in der FAZ den Irren mit der Bombe,
zeigen Abschussrampen, Schnellboote,
kleine Amerikaner mit kleinen Blechhelmen
auf riesengroßen Flugzeugträgern.
In Israel würde es im Kriegsfall
ein paar hundert Tote geben,
steht da in der Überschrift.
Ein paar hundert Tote wären ausgesprochen wenig
Tote und das wäre ziemlich gut.
Man muss ja einen Anreiz schaffen,
die Sache endlich anzugehen.
Doch das darf man so nicht sagen,
denn niemand kann das ernsthaft wollen,
denn niemand hätte was davon?
In ein paar hundert Tagen ist Silvester.

NATHANAEL

„Fick dich, du beschissene Schlampe!",
schreit er immer wieder.
„Das ist genau das, was ich meine!",
plärrt sie zurück
durch die verschlossene Tür
ihrer Mietwohnung im siebten Stock.
„Du hast dich einfach nicht im Griff!"

Mit dem Fuß tritt er
wieder und wieder
gegen das Schloss der Tür, des Turms,
doch die bleibt zu.

„Ich rufe die Bullen, wenn du nicht gleich aufhörst!"
Ein Tritt.
„Ich hab's dir gesagt, man,
dir kann man nicht mehr helfen."

Hört er Stimmen,
hört er's klicken,
tobt er weiter.
Hört Sirenen,
hört dann Schritte
auf der Treppe,
hört den Schall,
der näher klingt.

Hört er Stimmen,
hört er's klicken,
sieht er Menschen
unten auf den Stufen.

Lass dich nicht erwischen!
Lass dich nicht erwischen!
Niemand darf dich kriegen,
kein Lebendiger den Lebendigen
erblicken.

Auf's Geländer,
den Blick nach unten
auf die Straße,
da eilen sie zu ihm.
Sieht er die Häscher
in den Uniformen stecken, schreit er:
„Fickt euch!" und „Feuerkreis, Feuerkreis!
Dreh dich Feuerkreis, lustig, lustig!",
löst die Sohlen seiner Sneaker
vom Geländer, springt
hinab ins helle Licht.

Ein paar Augen,
die den Flug verfolgen,
aufgeschrecktes Wild.
Es knackt ganz lustig, als sein Kopf zerbirst
in tausend kleine Scherben
auf Beton.

MIT DEN FÜSSEN VORAN

Warum sind Sie hier?
Nachts
um drei?
Keine Lust und keine Zeit.
Nebenan ein alter Krieger,
schnarcht und kämpft
und stöhnt vor Schmerz.
Nichts im Urin,
die junge Ärztin aus der Assistenz.
Zwei Minuten,
schnelle bitch.
Der Magen schmerzt vor Schmerzmittel.
Was haben Sie schon ausprobiert?
Voltaren und Novalgin und warmes Wasser
in der Badewanne.
Wenn ich Tabletten fresse, kotze ich.
Keine Lust und keine Zeit.
Warum sind Sie hier?
Nachts um drei sind Sie hier falsch.
Knüppel auf den Schädel,
nebenan zum Hauptbahnhof
und eine gute Seele suchen, oder wie?
Paracetamol 500 in Tablettenform.
Mein Magen?
Psychisch, alles psychisch,
der Teufel im Detail.
Für nichts und wieder nichts.

Im Dunkeln fallen die Blätter von den Bäumen
und ich garniere sie mit Magensäure,
ehe ich nach Hause torkle.

2007

Am langweiligsten Tag des Jahres
2007
aß ich einen toten Fisch.

Der tote Fisch trug einen kleinen Hut,
und als ich ihm den Hut und seinen Mantel abnahm,
fühlte er sich sichtlich wohl in seiner Haut
und stank erbärmlich.

Also war alles eine Lüge,
denn letztlich aß ich diesen Fisch nicht,
sondern wurde vielmehr einer seiner Diener.

Genau.

Er trug eben auch diesen hübschen Mantel,
feinstes Schlangenleder, rot gefärbt,
und einen goldenen Haken im Gesicht.

Als er noch lebte, als ich ihn kennenlernte,
war er der Beste in Gesellschaftskritik
und Rettungsschwimmer,
wobei er darin schlechter war
als andere seiner Zunft.

Ich warf ihn kurz in die Pfanne,
haute ihn in die Pfanne,
schlug ihn mit der Pfanne tot.

Aber am Ende half das alles nichts,

denn wir wurden nie mehr richtig warm miteinander,
dieser Fisch und ich.

Also bat ich ihn,
sich anzukleiden und zu gehen.
Doch tot wie er war,
tot wie er war,
wurde er ganz schnell lebendig,
als es um die Aufteilung der Rechnung ging.

Er entschuldigte sich halbherzig, ging auf Toilette
und kam lange Zeit nicht wieder.
Nach einer halben Stunde sah ich nach,
klopfte an Toilettentüren,
Herrentoilette, Damenklo.
Er war verschwunden, einfach so.

Und ich saß da, mit diesem kleinen Hut, dem Mantel,
beide stanken.

Naja.

PHANTOM MIT KLEINEN TITTEN

Erst waren
der Kwirin und ich
eine Currywurst essen
in der Studentenstadtkantine.

Wir starrten einen dicken Mann an,
der einen Schnauzer trug und Bier trank,
ganz allein
an seinem Tisch saß, weiter trank, immer weiter trank,
aber langsam,
nahe dem Ein- und Ausgang.

Ich dachte...

Und ich sah hinaus,
durch die Glasfront, hinaus
auf die schneebedeckte Wiese,
auf der erst im vergangenen Sommer
ein Junge eingeschlagen war,
der sich aus einem der vielen Fenster des Hochhauses
oder von einem der Balkone gestürzt hatte,
vermutlich,
um zu sterben.

Damals aber hatte es über Tage hinweg geregnet,
daran hatte er wohl nicht gedacht,
und die Wiese war viel weicher als gewöhnlich.
Also atmete der Junge noch für ein paar Stunden
und starb dann erst im Laufe der Nacht
im Krankenhaus.

Inzwischen hatte ich meine Currywurst gegessen
und der Kwirin seinen Backfisch.

Ja, es war ein Backfisch,
der sehr stark nach künstlicher Zitrone roch.
Der Kwirin aber meinte, nicht der Backfisch rieche
nach Zitrone, sondern seine Backfischhände,
nach Verwendung des Erfrischungstuchs.
Das war mir recht. Das schien mir schlüssig.

Später hatten wir Glück
und erwischten eine Anschluss-U-Bahn,
ohne lange blöd herumzustehen.

Wir waren quasi Helden.

So euphorisch erreichten wir das Wohnheim,
in dem die Russin wohnte,
die letztlich keine Russin war,
sondern eine andere Sorte Sowjet,
die ich mir nicht merken konnte.

Aber sie nahm es mir bestimmt nicht übel,
und sie trank wie eine Russin,
und wir waren ohnehin alle Weltbürger,
und wir waren ohnehin alle gleich im Rausch.

An diesem Abend feierten wir also
eine Porno-Party im Studentenwohnheim.
Es sollte Schnaps geben, leicht bekleidete Mädchen,
gaffende Jungen, eine Stripperin und einen Stripper.

Also gönnten sich die Russin und ein paar andere noch
eine Haschischzigarette auf ihrem Zimmer,

und ein paar weitere
sahen beim Haschischzigaretterauchen zu
und wurden dadurch teilzeithig.

Wir verließen das Zimmer, drückten uns in den Aufzug,
drückten ein paar Knöpfe.
Da waren noch zwei Mädchen, das eine stand,
das andere saß im Rollstuhl.

Das Rollstuhlmädchen sah an diesem Abend
viel gesünder aus als all die anderen Mädchen,
und sie lächelte, war offensichtlich ziemlich drauf.

Warmer Dampf schlug uns entgegen.
Verpuffter Alkohol
aus dutzenden von rot geschminkten Mündern.

Und Gott sah, dass es gut war.

Wir holten uns Drinks
und besetzten jeweils eine Couch
diesseits und jenseits des Kickers.
Dort spielten ein paar junge Menschen
um ihren nächsten Wodka-Bull.
Ein Mädchen zog sich aus.
So saßen wir plötzlich alle gedrängt auf der Couch
diesseits des Kickers
und warteten gespannt auf die Fortsetzung,
aber da kam nicht viel.
Das Mädchen zog sich bis zur Unterwäsche aus,
dann wieder an und kicherte dabei sehr blöd.

Irgendwann
drängten plötzlich alle in den kleinen Barraum.
Sie spielten ein Stripperlied
und vermutlich tanzte die Stripperin gerade an der
Stange.

Also erhob ich mich langsam,
lehnte mich in den Türrahmen,
stellte mich auf die Zehenspitzen, sah nichts,
sah gar nichts,
dafür wurde mir schwindelig
und ich setzte mich wieder auf die Couch.

Später rauchte ich eine Zigarette und dann noch eine
noch später.

Irgendwann ging ich nach Hause.
Ein paar Leute, die ich kannte, tanzten noch,
das Arbeitsvolk war nicht mehr aufzufinden.

Man munkelt, die Stripperin sei echt verrückt gewesen.
Wenn man sie mit in seine Bude nahm,
malte sie einem ihren Namen an die Wand
und drückte viele Küsschen dran mit Lippenstift.
Mandy war hier und Mandy war geil
und Mandy war voll.

Man sagt, sie habe nette, kleine Titten gehabt
und sei auch sonst recht klein gewesen,
eigentlich schon fast ein Zwerg.
Und der Markus habe ihr einen ausgegeben,
sie dann aber einfach stehen lassen.

Das war vielleicht sein Glück.

GELB

Stell dich hinten in der Reihe an, genau,
ganz hinten, warte
bis die anderen durch sind.
Lutsche am Förderband.
Es schmeckt schal, metallisch,
schmeckt nach faulem Obst,
nach nassem Kassenzettel,
ausgelaufenem Trüffelöl,
sehr teuer.
Centbeträge
fördern die Entwicklungshilfe.
„Liebe Kundinnen und Kunden,
wir sagen Dankeschön."

Lass sie scannen,
lass sie stempeln,
lass dir Bonuspunkte geben
für Geduld und Einsatzbereitschaft.
Tausche sie ein
für einen Messerblock
oder sammle weiter
für den Mixer.

DER WHISKEY IST ALLE

Der Whiskey ist alle.
Was machen wir jetzt?
Weglaufen?
Heimgehen?

Lass uns zur Tanke gehen und Eis kaufen.
Das letzte Eis habe ich im Sommer gegessen.
Ich wollte es nicht neben der Zapfsäule essen,
also habe ich es mit nach Hause genommen
und für eine halbe Stunde in's Gefrierfach gelegt.

Als ich Lust darauf bekam,
nahm ich es heraus und ärgerte mich schrecklich.
Jetzt war es zwar gefroren,
aber irgendwann musste es geschmolzen sein,
vielleicht auf dem Nachhauseweg,
vielleicht schon bei der Lieferung.

Ich biss ab. Es schmeckte scheußlich.

War es ein Milcheis?
Nein.

Ein Wassereis?
Ja, ein Flutschfinger.

Ich frage mich, ob der Flutschfingererfinder
schwul war.
Meinst du, er lebt noch?

Dreh ihn um, sonst kotzt er sich in die Lunge.

Er atmet. Flach.
Er atmet. Flacher.

Ziemlich leise, was?
Dann wird er später wieder schnarchen.

Ich habe gesagt,
ich ersticke ihn im Schlaf mit einem Kissen,
wenn er später wieder schnarcht.
Hältst du das für einen Hilfeschrei?

Die Hilfe hat er schon geleert.
Morgen fühlt er sich erschossen,
wenn er durch die Sonne baden geht.

Das ist einer, von dem man in der Zeitung liest.
Einer, der auf seiner Matratze hinaus aufs Meer treibt
und dort von einem Hai gefressen wird.
Einer, der im siebten Stock vom Balkon des Nachbarn
auf seinen eigenen klettern will und dabei fällt,
so zirka einen Meter neben den Hotelpool,
und dort bis zum Morgengrauen verreckt.

Gibt es hier Haifische?
Kleine, vielleicht.
Beißen ihm den Schniedl ab
oder seine Nase und die Ohren.
Alles, was nicht eben ist.

Aber das überlebt er.
Am Abend geht er dann in's Restaurant
und lässt sich von den Köchen an den Inseln
feine Sachen zubereiten,
die er zu Hause nicht bekommt.

Vielleicht trinkt er einen Wein dazu.
Einen roten oder einen weißen.
Rosé mag er nicht,
erinnert ihn an Pussysekt.

Ist das inklusive?
Wein schon und Bier.
Ich dachte, nur am Pool
und später an der Bar?
Doch, sogar beim Essen.

Stark.
Da vergisst man gleich die Haifische im Wasser
und das Scheißeeis des letzten Sommers.
Alkohol macht alles besser.
Am Ende sind wir alle Markensammler,
privat und an der Selbstbedienungskasse
in Jeff Bezos Tante-Emma Laden.
Wo ist unsere Belohnung, frage ich mich.
Für die Treue, für die Reue,
für 21 Gramm des miesesten Humors.

In vino veritas, sagten die alten Ägypter.
Daran sind sie ausgestorben.
Weil ihre Elefanten schlechte Schwimmer waren?

Die sind gefahren.
Wie gefahren?
Mit dem Schiff sind sie gefahren,
war ja nicht weit.

Und warum in die Berge?
Warum nicht direkt nach Italien?
Wegen der Haie?

Wegen Berlusconi.
Er hat eine Unterlassungserklärung erwirkt.
Gegen die Haie?
Nein.
Gegen Seattle und ägyptische Elefanten.

Wenn die nackten Weiber tanzten,
sind sie völlig ausgerastet.
Ein Elefant hat eine seiner Nutten platt getreten,
da sind die anderen Weiber durchgedreht
und abgehauen.
Und dann?

Dann gab es die Unterlassungserklärung.

Denkst du, er kommt zurück?
Denkst du, der Vierte kommt zurück?
Denkst du, er wird Eis mitbringen und Whiskey?

Wenn er es ans andere Ufer schafft, dann ja,
wenn er es zu uns zurückschafft, ohne zu ertrinken.
Denkst du, der schwule Eismacher hat es an's andere
Ufer geschafft?
Glaubst du, der Papst hat ihn gerettet?

Wer schon hat, dem wird gegeben.
Auf totale Sättigung folgt konsequent
das große Platzen.

Denkst du, es wird Fanmeilen geben
für die Wiederkunft der Guillotine?

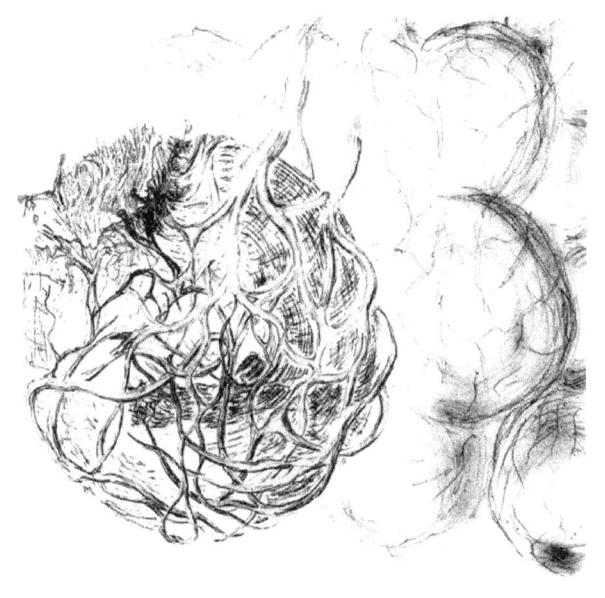

DIE FETTEN JAHRE SIND VORBEI?

Was schreibt man,
wenn man sich besiegen will?
Geschichten vom Tod, Geschichten vom Leben,
dem aktuellen Tageskampf,
dem Wechsel der vier Jahreszeiten,
von den hundert Phasen einer Trauer?
Von Pfandflaschen
und dem immensen Reichtum,
der den Pfandbon in der Tasche ruhen lässt
für magere Zeiten?

Sollte man die fetten Jahre hinterfragen
oder warten, bis sie ausgehen,
irgendwann,
durch ungebremstes Bevölkerungswachstum
und Pandemie als Paukenschlag
zum Abschluss einer Ära?

Ich weiß es nicht.

Ich sehe lieber aus dem Fenster,
raus in die Gegend.
Meistens ist es dann schon dunkel.
Doch das Hochhaus funkelt,
und das ist ziemlich schön.

BLAULICHTSYMPHONIE

Fahrzeugführer! Bildet eine Gasse!
Nach LINKS und RECHTS.
Und lasst die MITTE frei.
Immer
RADIKAL in die Kontroverse.
Orientierung für Anfänger.
Wer stehen bleibt, verhindert Hilfe.
Wer Stillstand lebt, haucht Chancen aus.

Hindernisse gilt es zu zermalmen,
PLATT-ZU-MACHEN. AUS-ZU-LÖSCHEN.
Und starrt nicht so aus euren Fenstern.
Also
HELDENTUM aus der Konserve.
Internierung für Anfänger.
Wer stehen bleibt, der stört den Ablauf.
Wer Stillstand lebt, haucht Rettung aus.

Menschen gilt es zu befreien!
Sirenenklänge überschneiden sich in Perfektion.
Ein Totenlied, ein Weihnachtssong.
Überall
leuchtend-blaues Flackern.
Geborstenes Glas mit menschlichem Kern
unter Halogen-Beleuchtung.
Wer Stillstand lebt, haucht Leben aus.
Ein rot bemalter Weihnachtsstern
und ein paar Menschen, die ihm folgen.
Und sie alle spielen Lieder für den Tod.

EFFIZIENZ

Sie fühlen sich verpflichtet
zu Speis und Trank,
zur kurzen Regionalbahnfahrt am frühen Abend
an's andere Ende ihrer Stadt,
wo Straßenlampen
schon am späten Nachmittag
erleuchten.

Sie fühlen sich verpflichtet
zum Segeltörn und Sturm auf Restaurants
am Ausgang jedes kleinen Ortes.
Auf der langgestreckten Insel
gibt es Fisch und Meeresfrüchte.
Wo man hinblickt,
kleine Feuer unter schwarzen Rauchsäulen.
Wein, Weib, Gesang und mariniertes Lachsfilet
an irgendetwas mit Zitrone.

Sie mögen das.
Sie mögen das besondere Licht bei Dämmerung
auf der Terrasse
und wie sich ein paar Meter weiter Wellen brechen
in der Bucht.
Der starre Blick der Plastikfische
aus den weißen Augen schreit nach Triumph
und gutem Leben.

Sie fühlen sich verpflichtet,
zu gefallen,
wann immer Sie
Salzwasserdampf einatmen.

Selbst mit einem kleinen Löffel Crème Brûlée am Mund
noch gut aussehen, vornehm essen, sexy schlucken.
Augen auf und durch und glänzen.

Sie mögen diese
Effizienz.
Sie leben diese
Effizienz.

Seine Majestät der Truthahn
wackelt durch die Picknickwiese.
Die Tauben auf dem Markusplatz
besetzen einen Kaffeetisch.
So mancher Affe baut sich täglich seinen Schlafplatz.
Die besten Menschen wechseln ihre Bettwäsche
im Wochentakt.

ICH NEHME MIR DINGE VOR, WIE

Heute ermorde ich
irgendeinen Penner
aus reiner Überheblichkeit
mit meinem grünen funky knife
nach Dienstschluss
in der Unterführung,
wo es rüber geht
zum Zoo.

Ich darf das,
weil ich in der Werbebranche bin.

Der Penner verdient kaum Geld.
Und was an Tagesbonus reingeht,
sind Schnaps und Bier und Butterbrezen,
die ihm Kinder schenken,
wenn die Mütter an den Kinderhänden meinen,
Geld verderbe letztlich immer den Charakter.

Wir wissen: Der gemeine Penner
ist im Zweifelsfall gewaltbereit.

Darum bin ich so frei
und nehme ihm sein Leben,
noch vor Wintereinbruch
in der Unterführung,
wo es rüber geht
zum Zoo.

ICH AUCH

Manchmal funktioniert es mit uns beiden,
dann aber wieder nicht.
Manchmal rauchen wir noch eine letzte Zigarette,
auf der Badewanne sitzend,
Fenster offen, draußen bisschen Mond und Sterne,
ziemlich heimelig und schön.
Doch heute will sie tanzen gehen,
um zwei Uhr morgens mit der Mitbewohnerin,
die schon vor einer halben Stunde abgehauen ist,
dem Vernehmen nach auf supersauberem Ecstasy.

Sie küsst mich kalt mit spröden Lippen,
zieht mir die engen Hosen runter,
kniet sich auf den roten Teppichboden,
Scheiß-Teppichboden überall in der WG,
lutscht eine Weile ambitionslos meinen Schwanz.
Ich stütze mich nach hinten ab,
das Schmatzgeräusch ist wirklich irritierend,
die Bettwäsche wahrscheinlich von den Eltern
aus den späten 80ern, krass stillos,
wie der Hamsterkäfig und die Venusfliegenfalle
neben MacBook und drei leeren Schachteln
Antibabypille auf dem Retroschreibtisch,
Nierenform im 50er Jahre-Stil.
Sie ist so hübsch,
na Gott sei Dank
bist du so hübsch, du Teufelsweib,
du darfst so irre bleiben und schlecht blasen
wie du willst.
Ich sage ihr: „Ein bisschen Zunge wäre schön."
Sie sagt: „Lass mich nur machen, cutie,

ich zeige dir schon, was dir gefällt."
Ich frage, ob ich ihr ein Zeichen geben soll,
verbale, nonverbale Kommunikation,
ein kurzes Tippen, vielleicht auf die hohe Stirn?
„Ist schon ok", sagt sie, „ist schon ok",
nimmt einen Schluck aus ihrer Whiskey-Cola,
drückt mir das Glas in meine Hand und fordert: „Trink!
Entspann dich! Trink!"

Sie packt mich mit den Händen an den Backen,
ich sehe von oben auf sie runter,
frisch gewaschene Haare, die nach Kokos duften,
zu einem dunklen Dutt gebunden, wunderschön,
ein paar nette Elfen, tätowiert auf ihren hellen Rücken,
feine Linien, innen farbig in Pastell.
Was würde wohl Petrarca dazu sagen?
Was Boccaccio?
Was Alighieri?
All die alten Hohepriester,
deren Interpretation ihr
allem Anschein nach
ganz ohne Mühe von den Lippen geht.
Ich finde das bewundernswert
und fühle mich augenblicklich unterlegen,
werde letztlich aggressiv und geil.

Wenn diese Frau den Mund aufmacht,
hat man den Kampf um Überlegenheit verloren.
Die mühsam antrainierte Männlichkeit
verzieht sich mit den Hoden
hin zur warmen Körpermitte.
Was jahrelang gefruchtet hat,
wird abgetötet
und nur schnelle Anpassung macht überlebenswert.

Es ist ganz schlimm
und ist ganz furchtbar.
Ich sage ihr:
„Mädel, man sollte einen Hashtag für dich initiieren."

„Pssssst",
sie hält sich ihren Zeigfinger
vor die spitzen Lippen.
„Hör mal auf zu denken, Junge,
sonst wird die Nudel wieder weich."
So viel zur *vulgari eloquentia*.
Auf Halbmast steht sie wirklich gar nicht,
denn
wenn sie schon vor einem Mann auf ihre Knie geht,
ist das ein Fest, dann wird gefeiert und geliebt.

Mein stolzer Penis macht die Biege.
Der Jäger in mir weint.
Da steht er nun am Rand der warmen Höhle,
will er draußen bleiben oder rein?

Eine Whiskey-Cola-Trinkerin,
die Freitagnacht auf rotem Teppich kniet,
meinen hübschen Schwanz in ihrem hübschen Mund,
aus dem sie in der nächsten Sitzung
wieder selbstbewusst den Dante rezitieren wird,
scheint doch nicht so mein Ding zu sein.
Darf ich mich jetzt noch umentscheiden?
Welche Rechte hat man als moderner Mann?

Sie sieht mich schelmisch an,
packt dann das Übel an der Wurzel
und hält es wie ein Mikrofon, sie brüllt hinein:
„Was ist nur los da drin? Jemand zu Hause?

Ich war doch wirklich gut zu dir!"
„Oh man, so wird das nichts", sage ich und lache
und streiche ihr zärtlich eine Strähne hinter`s Elfenohr.

Sie präsentiert mir meine schlaffe Nudel
auf ihrer angespannten, flachen Hand,
blickt vorwurfsvoll und delegiert:
„Sag mal was zu deinem faulen Pimmel,
jetzt hängt er da und schmollt und wird ganz klein
und wird ganz kalt. Ich herze ihn besser mal, sonst
stirbt er. Kleiner Mann, liegt es an mir?"

Ich sage ihr:
„Es liegt an dir, du bist zu dominant,
das packt er nicht, darauf ist er nicht vorbereitet.
Ein paar hunderttausend Jahre Hochkultur
mit stillen Weibern in den hinteren Reihen
hinterlassen Spuren der Gewalt und der Gewohnheit.
Überall verbrannte Erde,
nur stellenweise frisch und grün bemalt.
Es liegt an diesem ganzen aktuellen Feminismus-Scheiß,
an den schreienden Frauen
mit den fiesen Sprüchen auf den Titten.
An der femininen Hysterie,
versammelt unter rosaroten,
selbstgestrickten Mützchen,
flächendeckend in den herrschaftlichen Parks
auf Picknickdecken sitzend,
Tupperware tauschend Kampfreihen schließend,
selbstgebackene Muffins preisend,
Avocado-Brot und Saté-Tofuspieße schlemmend,
ausholend zum Rundumschlag.
Und all das in engen Yogahosen!
Hübsche Hintern im Museum hinter meterdickem Glas.

NICHT ANFASSEN!
WER SCHÖN SEIN WILL, MUSS LEIDEN!
Der angsterfüllte Blick des alten Mannes
rührt den jungen Mann zu Tränen,
und er denkt sich:

Was soll nur aus uns armen Herrschern werden,
wenn ihr Frauen uns die Kronjuwelen raubt?
Ihr wollt den dominanten Mann,
das Arschloch mit dem guten Herzen,
den Mann, der Freiheit will und viele Kinder,
Historien voll von sexuellem Hedonismus
und ein Versprechen tiefer Treue.
Ihr wollt unsere gutbezahlten Jobs,
ihr wollt unsere Ministerposten in der Bundespolitik,
ihr wollt Karrieren, ihr wollt Kinder,
nichts entscheiden, bis ihr vierzig seid.
Die Männer sollen jetzt zu Hause bleiben,
Haushalt machen, Babys wickeln,
aber weiterhin auch männlich sein.
Was ist ein Mann?
Frau! Sag mir, was ein Mann ist!

Samstags zu Ikea fahren,
obwohl das regelrechte Folter ist,
Abenteuerurlaub in der Therme Erding.
An der Kasse vorgelassen
und beim Date zum Essen eingeladen werden.
Als Frau betrachtet werden?
Als sexuelles Wesen?
Teufel! Was ist eine Frau?
Frau! Sag mir, was eine Frau ist!
Selbst Kind sein, sich erwachsen fühlen.
Kaum zu glauben, ihr seid Menschen!

Verunsicherung? Verunsicherung!
Ihr seid die eigentlichen Asylanten,
hausgemachte Terroristen.
Letztendlich seid ihr kaum von uns zu unterscheiden,
seid wie wir, nur ziemlich anders.
Wir kultivieren also ein paar Vorurteile,
führen weiter den Geschlechterkrieg.
Für die einen ist das bitterer Ernst
und für die anderen ist es Vorspiel.
Frau! der Kampf geht weiter...
Und er bleibt sinnvoll, grausam, schön
und unsinnig und hässlich.
Am Ende sind wir alle Menschen,
sind allesamt nur so lala
und bestenfalls in Teilzeit liebenswert!"

Ich tippe ihr mehrmals an die Stirn,
sie zwickt mich mit den Fingern in den Hintern,
drückt mich fester an sich, lässt nicht locker.

„Ist der Herr nun fertig mit dem Monolog,
fühlt der Herr sich wieder männlich?"

„Was weiß ich? Ich bin verwirrt und unentschlossen."

„Ich finde ja, du solltest mich nun lecken,
das gibt dir Zeit, darüber nachzudenken, wo du stehst."

DER TAG, AN DEM ICH BEINAHE EINEN MARIEN-KÄFER GEGESSEN HÄTTE

Keine Milch im Kühlschrank,
draußen regnet es,
ich habe Hunger,
draußen regnet es in Strömen.

Trockene Cornflakes aus der Plastikschüssel,
Anne Will im Fernsehen,
Flüchtlinge im Fernsehen,
Flüchtlinge auf Autobahnen,
Flüchtlinge im Tunnel,
Flüchtlinge unter Wasser.
Ich habe Hunger,
draußen regnet es in Strömen.

Meine Cornflakes bröseln mir die Kleidung voll,
ich suche mich nach den kleinsten Teilen ab
und finde nichts.
Die CSU im Fernsehen.
Macht die Grenzen dicht!
Gegen Flüchtlinge auf Autobahnen.
Gegen Flüchtlinge an der Außengrenze.
Gegen Flüchtlinge am Tisch.
Wie könnte man noch helfen?
Ich suche mich danach ab und
finde nichts.

Ich schalte den Fernseher ab,
aus meinem Inneren fallen die Krümel.
Ich sehe nicht hin,
ich sehne mich nach innerem Frieden.

In Salzburg scheint bestimmt die Sonne.

ZEIT

Noch zwei Jahre Schonfrist,
dann bin ich Clubmitglied,
dann gerate ich in's stumpfe Messer.
Werde mein Bestes geben für den Mindestlohn.
Ein bisschen Geld ansparen,
mir vielleicht ein sicheres, kleines Auto kaufen,
das sich einfügt in ein kleines, sichereres Leben.
Ich werde vernünftig sein und Grapefruit essen,
mich täglich vor dem Spiegel stutzen,
mir ab und an ein bisschen Luxus gönnen,
die Zahnbürste nur ein paar Wochen nutzen,
dann wieder eine neue kaufen.
Auf Bier am Nachmittag verzichten
und zum Feierabend meinen Ausgleich schaffen.
Vielleicht ein Fitnessstudio aufsuchen.
Vielleicht einen Skorpion in der Pfeife rauchen,
vielleicht mal Kokain probieren.
Auf den Hintern einer Jugendlichen starren
und in die Visage einer alten Frau.
Ich werde mich vor mir selbst erschrecken.
Einem Penner Gummibärchen schenken.
Einen Terroranschlag auf N24 ansehen.
Die Wärmedämmung angehen.
Den schleichenden Verfall bedauern und beklagen.
Und mich unendlich dabei langweilen.

TABELLE, FENSTER, EXTRAS

Sagt der Esel zu dem Elefanten:
„Ich reagiere allergisch auf Erdnüsse,
wir werden niemals Freunde sein.

Lass uns stattdessen etwas trinken.
Auf die Jugend! Auf die Juden! Auf die Araber
und auf den Austausch der Raketen!
Auf die Schönheit! Auf die Eitelkeit der Menschen!
Mach mir einen Long Island Iced Tea ohne Cola,
weil Coca-Cola für den weißen Teufel steht.
Ich trinke ihn dennoch, ich bin nicht anspruchsvoll,
und überhaupt,
ich habe all das schon lange abgeschlossen,
habe es vorgestern beerdigt.

Die Jugend, die Schönheit,
die Eitelkeiten sind vergänglich,
sind von gestern,
sterben täglich etwas mehr,
sind morgen höchstwahrscheinlich tot."

Dann Stille.
Ein paar ruhige Minuten.
Alleine in deinem Zimmer.
Pistazienschalen überall
auf dem Boden,
auf dem Schreibtisch.
in den Regalen neben umgelegten Bilderrahmen.
Hinter der Kommode,
versteckt
hinter dem Vorhang, wo das Fenster offensteht.

Die Menschen blasen Zigarettenqualm aus ihren Buden.
Rauchen Haschisch,
spucken aus.

Auf die Straße. Auf die Straße.
Mitten in die dunkelblaue Nacht,
die seit Tagen nicht mehr abkühlt.

Bald wird der Ascheregen wieder fallen.
Dann sterben auch die bunten Blumen.
Und weiße Rosen fallen
aus einem Meter Höhe auf die Erde,
wie im Märchen.
Am Ende frisst der Wolf die Großmutter
und stirbt.
Vielleicht auf dem OP-Tisch.
Vielleicht an altem, krankem Fleisch.

WARM

„Schau mir in den Rachen, Kleines,
und sieh dir dieses fette, schwarze Loch an",
sagte ich zu ihr.
„Sieh es dir genau an, das schwarze Loch,
wie es sich öffnet,
wie es sich schließt."

„Es wird wieder warm im Vorhof deiner Hölle,
habe ich alles schon gesehen."

MEINE KARRIERE

Man tut halt was
für Geld,
für Ruhm,
für Ehre.
Dem Ego Zucker in die Ritze blasen lassen,
ist der Plan.

Was möchte ich werden, wenn ich groß bin?

BLENDER!

BLENDER! möchte ich werden.
BLENDER! möchte ich sein.

Für sechs Wochen Ferien
eine Balkanroute buchen,
darüber ein Buch schreiben,
das Markus Lanz für mich verkauft.

Mein Kampf
als Kommunist im Dschungelcamp
gegen Drohnen und Moskitos und
all die Blutsauger auf dieser Welt.

Sie lieben mich!!!

Ich rette Wale und
funke SOS in's Kinderdorf.
Ich mag den Regenwald
und all seine Bewohner.

Wir haben genug davon vergraben
für einen langen Krieg.

Und dann?

Springe ich beim Konditor über den Tresen,
lass vor allen die Hosen runter,
packe mir einen dieser
Krapfen,
stecke ihm mein Ding rein,
werfe beide Arme in die Luft und schreie
der tobenden Menge in ihr Rotgesicht:

„DIE KUNST IST TOT!
LANG LEBE EUER KÖNIG!"

Zu Ostern lasse ich mich kreuzigen
und sterbe meinen kleinen Tod am Nachmittag um drei.

Gen Himmel blicken,
immer nach den Sternen greifen
und sich einen runterholen.

DIE ZIEGE

Neulich war ich auf der Dachterrasse,
sah mir die toten Bienen an,
Köpfe, Körper, Beine,
keine Bienen, Wespen,
gleich kein Mitleid mehr. Warum kein Mitleid?

Ich sah in den Garten der Nachbarn,
und da stand ein neues Haus,
ein altes, ziemlich altes Haus
mit grünen Fensterläden,
alle marode, alle gebrochen,
bewohnt war es wohl dennoch,
da brannte Licht im Flur
und Licht in der Garage.
Kein sehr helles, aber immerhin.

Es hatte tagelang geregnet,
tagelang geregnet, auch in der Nacht
geregnet.
Der ganze Garten schwamm
silbrig glänzend, keine Mücken
trotz des vielen Regens.
Warum nur keine Mücken?

Im Garten gab es einen Tisch, Holztisch, sehr rustikal,
darauf standen Steingutschalen, weißblau marmoriert,
gefüllt mit Paprika, Kartoffeln, Knoblauch, Zwiebeln.

Und es gab eine Schaukel.
In diesem Garten gab es eine Schaukel, rot,
blaue Seile, Gestell aus dunkelgrün lackiertem Stahl,

die Farbe abgeplatzt an vielen Stellen,
darunter alter, frischer Rost.
Und an der Schaukel klebte eine Ziege,
nur der Kopf, kein Körper, keine Beine,
abgeschlagener Kopf, die Augen leer,
die Zunge seitlich rausgestreckt.

Ich sagte: „Mäh",
sie sagte nichts.

THEATER

Wir sitzen uns gegenüber,
schauen uns an.
Erst spricht der eine,
dann der andere.

Gesichtsausdrücke sind erprobtes Schauspiel,
die Frage nach der Konvention,
Ableger von etwas, irgendetwas.
Was gesagt wird,
darauf kommt es eigentlich nicht an.
Aber wie?
Sozialer Stand? Der Bildungsgrad?
Emotionaler Höhenflug und
seelischer Abgrund.
Palmen am Strand,
Kokosnüsse in den Kronen,
ruhige See und ein paar Boote.
Türkises Wasser,
bestes Feuerwasser in den Gläsern
und ein Wurm.

Wir sitzen uns gegenüber,
schauen uns an.
Erst spricht der eine, dann
schweigt der andere.

Leider hatten wir uns beide nichts zu sagen,
haben aber immerhin geübt
und einen sitzen.

MEXIKO

Ich schreibe eine neue Story, mal authentisch.
Heute oder morgen. Vielleicht morgen, heute nicht.
Womöglich irgendwann in Rockland;
du wirst für eine Weile bei mir sein in Rockland,
so wie du immer bei mir bist für kurze Zeit.

Doch vorerst sehen wir uns hier in Mexiko,
jenseits dieser Grenze, an goldenen Stränden,
Palmen dahinter, Wasser davor.
Mexiko ist schön am Strand. Das Grauen
weit, weit weg.
Dort reden wir für eine Weile über alte Zeiten,
bei Tequila, Maisbier, ordentlichem Koks.

Ein, zwei Tage nach der Ankunft,
wenn du zusiehst, dass du wieder fortkommst,
werde ich am Fenster stehen,
dir nachsehen bis zur nächsten großen Straße,
dich in dem Moment vergessen,
da du um die Ecke biegst
mit einem Pappbecher voll Filterkaffee.

Ich sei kein netter Mensch,
das hast du mir gesagt,
das sagen alle, nur nicht WWF und PETA,
die appellieren an das Gute in mir,
regelmäßig Spam.
Aber Geld ist da, der Kühlschrank voll
und meine Hilfsbereitschaft grenzenlos,
wenn ich dich mag.

Dann, wenn ich dich vergessen habe,
werde ich mich an den alten Schreibtisch setzen,
Wasser trinken, Näschen pudern, den Stift anheben,
wieder senken, anheben und wieder senken.
Einen Tschick auf einen anderen drücken oder
aus dem offenen Fenster schnippen.
Ich werde einen alten Freund anrufen,
Ferngespräch nach Hamburg Hafen,
werde in der Leitung warten,
mich den verpassten Leben widmen, während ich warte,
mich auf meine Zehenspitzen stellen
und mit den Fingerspitzen an die Decke fassen,
feuchten Putz abblättern lassen...
„Geld, nur Geld, ich brauche wieder frisches Geld."

Am späten Nachmittag erfreue ich mich
am Anblick einer hübschen, lieben Hure,
deren Kinder draußen
mit dem alten Hund des Nachbarn spielen.

Wenn sie ihn kraulen,
fallen Fellstücke von seinem Körper,
doch das scheint sie nicht zu stören.
Sie haben Spaß daran,
zerpflücken dieses arme Vieh in seine Teile.
Das Tier wälzt sich zufrieden auf den Rücken und
leckt mit seiner trockenen, alten Zunge Kinderhände
sauber.

„Hallo Fremder"
stand auf einem Schild am Ortseingang,
die nächste Abfahrt: 150 Meter rechts.
In 100 Metern kleiner Hähnchengrill,
Pastelltöne wohin ich sah,

in Blau und Rot, Türkis und Sand.
Meine tagesaktuelle Sammlung
abgeschnittener Menschenköpfe
unter schwarzen Plastikplanen.
Polizisten, die mich weiterfahren ließen,
mit einem Lächeln auf den Lippen
und ein paar tausend Pesos in der Hand.

Es ist kein schlechtes Leben hier.
Ich habe mich gut akklimatisiert.

Kinder, Kinder,
wie heiß es heute wieder ist.
Ich sage euch, mir fließt die Soße aus dem Körper,
mir klumpt das Blut in meinem Hals.
Während mich eure Mutter so behutsam reitet,
als wäre ich ein toter Esel,
kann ich aus dem Fenster sehen,
den wolkenlosen Himmel sehen,
große Sonne, kleine Sonne,
die Werbetafeln auf den Dächern der Fabrik.
Ich kann euch spielen sehen mit dem Hund.
Mir graust davor.
Mir graust vor ihm, mir graust vor euch.
Mir graust vor allem, eigentlich vor allem.

„Dass es euch nur ja nicht beißt, das blöde Vieh!",
schreie ich runter in den Hof.

Eure Mutter fasst mir mit der Linken ins Gesicht
und dreht mich weg vom Fenster,
dreht mich hin zu sich.
Eure Mutter macht's mir schwer.
Sie keucht und stöhnt vor lauter Hitze,

zieht ihr Schauspiel durch, spielt ihre Rolle ehrenhaft.
Ich denke mir noch: „Das hat sie nicht verdient."

Der Hund springt auf und klemmt sich hinten an das
kleinste ihrer Kinder. Es schreit und weint,
die anderen schreien auch
und ziehen den Köter an den Beinen.
Ich muss das schnell zu einem Ende bringen,
guter Ausgang, schlechter Ausgang – Scheißegal!
Ich fühle mich heute sehr konsequent.

Kinder, Kinder, eure Mutter!
bumst um euer Leben.
Und euer Vater sagt, sie habe kein Talent...
Sie wäre ihr Geld auch zehnmal wert,
das sage ich euch! Also haltet sie in Ehren.

Der Ventilator rührt die feuchte Luft,
der Schweiß verdunstet nicht,
man wird geschmort im eigenen Saft.
Aber einatmen und ausatmen, einatmen.
Eure Mutter ist ein zuckersüßer Engel,
vom Bauchnabel bis zu den Brüsten
in Zuckerguss getaucht.

Heute war sie ausgesprochen höflich,
hat nur einmal heimlich auf die Uhr gesehen.
Sie wird euch noch bekochen müssen,
nach der Busfahrt in die Vorstadt.
Euch und euren lieben Vater.

Denn wenn die Sonne untergeht,
rollt der Gemüselaster eures Vaters aus der Hauptstadt
auf die Autobahn, dann auf direktem Weg zu euch

nach Hause.
Mit Überresten schrumpeliger Melonen
und Ananas und Paprika und welkem Blattspinat,
darüber schwarze Plastikplanen.
Bestellt ihm einen lieben Gruß von mir.
Und keine Angst.

Bestellt ihm einen lieben Gruß von mir
und sagt ihm, dass wir uns bald wiedersehen werden.
Vielleicht zum Barbecue in eurem Garten.
Vielleicht zum Pokern hier, bei mir, in kleiner Runde.
Irgendwann wird es schon klappen.
Spätestens wenn wieder Köpfe rollen sollen,
brauche ich ihn.
Ich sehe aus dem Fenster,
trockne meinen Schwanz mit einem alten Shirt.

„Mutter! Mutter! Mach dich sauber, zieh dir etwas an
und bring mir meine Flinte!

Sag deinen Kleinen, dass sie wegsehen sollen,
wenn es soweit ist. Dass sie nicht hinsehen sollen,
wenn es knallt.
Geht direkt durch das Gartentor nach draußen
auf die Straße. Dreht euch nicht um!
Dreht euch nicht um zu mir!
Ich bin kein netter Mensch.

Wenn die Kinder fragen: „WARUM?", sag ihnen,
sie sollen keine blöden Fragen stellen und weiter gehen.
Sag ihnen: „Wir sind hier in Mexiko, Kinderlein,
in Scheiß-Mexiko, hier stellt man besser keine Fragen,
denn keine Fragen schaffen keine Angst."

Sag ihnen, dass sie wohl nie wieder Hähnchen essen
würden, nie wieder das am Spieß gegrillte
Chili-Hähnchen, auf das sie sich so freuen,
wenn dein Mann den Grill anwirft.

Mutter! Zieh dir mal dein Höschen an,
von mir aus kannst du meines haben,
dein Sommerkleid ist übrigens ganz süß.
Nimm die Schuhe in die Hand!
Und bring mir endlich meine Flinte.
Trödle nicht, du bist noch jung!
Nimm die 40er-Dachse,
die werden Reinemachen,
wie du es noch nie gesehen hast.

Wenn du das nächste Mal vorbeikommst
mit den Kindern,
werde ich einen neuen Nachbarn haben
und einen frischen Hund.
Einen großen, einen gesunden, der noch volles Fell trägt
und immer an der kurzen Leine hängt.
Das Haus wird nach Zitrone duften,
wenn du und deine Kinder mich besuchen kommt.
Nächstes Mal bekommen deine Kinder Coca-Cola
und du vielleicht ein neues Kind von mir.

Tschk, Tschk und zugeklappt. So lädt man,
hast du zugesehen?
Den Hahn gespannt und ab die Post.

Merk dir das, nur für den Fall,
dass dich dein Mann betrügen sollte.
In der Hauptstadt. In einem billigen Hotel.

Das war's.
Dankeschön

BILDCHEN

S. 5, 23, 77 Kwirin Schmid
S. 35 Markus Ströbl
S. 59 Christoph Traut

Besten Dank für die Kunst!

INHALT